AF243377

Lh 4.
325.

LETTRE

AU

GÉNÉRAL GOURGAUD.

De l'Impr. de C. F. Patris, rue de la Colombe N°. 4 , en la Cité.

LETTRE

AU

GÉNÉRAL GOURGAUD,

SUR LA RELATION

DE LA CAMPAGNE DE 1815,

ÉCRITE A SAINTE-HÉLÈNE.

« Je pardonne aux erreurs où Mahomet t'entraîne. »

PARIS,

A la Librairie Constitutionnelle de Brissot-Thivars,
rue Neuve-des-Petits-Pères, n° 3, près la Place des
Victoires.

—

JANVIER 1819.

AVERTISSEMENT.

Les Français ont donné à la bataille du
18 juin 1815 le nom de *Mont-Saint-Jean,*
et les Anglais celui de *Waterloo;* les Prussiens l'avaient appelée bataille de la *Belle-
Alliance.* C'est la dénomination anglaise
qu'a choisie M. le général Gourgaud; je
n'ai point hésité à l'employer en répondant
à son livre.

Mais s'il était raisonnable de penser que,
là, le nom ne fait rien à l'affaire, on ne
pourrait le dire des pages où M. le général
Gourgaud a écrit *chambre des députés,* lorsqu'il s'agissait de la *chambre des
représentans.* Comme il n'y a aucune res-
semblance entre cette dernière et la chambre *introuvable;* comme l'une et l'autre
ont existé en 1815, j'ai constamment réta-
bli le vrai nom, et je dois prévenir qu'il
faut lire, dans les citations que j'ai faites de

1

l'ouvrage de M. Gourgaud, chambre des *représentans* quand il dit chambre des *députés*. Cette remarque était d'autant plus nécessaire qu'il paraît y avoir une grande différence entre une chambre de députés et une chambre de représentans; telle est du moins la conséquence que l'on doit tirer de ce qui s'est passé dernièrement à la chambre. Un individu ayant, par erreur, adressé sa pétition *aux représentans de la nation française*, MM. de Chalabre, de Chabriant, et plusieurs autres se sont écriés : « Nous ne sommes pas les représentans de la nation française!....... L'ordre du jour!! » (*Moniteur* du 15 décembre 1818.)

LETTRE

AU

GÉNÉRAL GOURGAUD.

Monsieur le général,

Vous avez publié une relation de la désastreuse campagne de 1815. Il règne dans le récit des faits militaires que présente cet écrit, tant de franchise, d'exactitude et de clarté, qu'il ne pouvait manquer de recevoir l'accueil dont il est l'objet.

En dévoilant l'inertie des uns, la trahison des autres, vous avez rendu un juste hommage à la valeur de nos soldats , de ces braves Français dont on pourrait dire qu'ils n'ont succombé qu'à force d'avoir vaincu , tant la catastrophe a suivi de près la victoire. Vos lecteurs se convaincront de ces vérités désormais incontestables, que si nous perdîmes la bataille de **Waterloo**, que si **Wellington** fut victorieux à la fin de la journée, il ne faut l'attribuer qu'à des causes étrangères à la tactique autant qu'à la bravoure , et tout-à-fait indépendantes des dispositions prises par le général ennemi ; c'est sans doute un faible dédommagement des suites funestes de la bataille, mais il est toujours consolant de penser que **Wellington** a pu devenir un *héros*, ou du moins être proclamé comme tel, sans qu'il en coûtât rien à la gloire des Français. Et qu'on ne croie pas cependant que je veuille déprécier les talens du noble lord : je me hâte de reconnaître que je ne serais point juge compétent en pareil matière ; loin de là , je ne fais qu'une réflexion entièrement à son avantage et que tout le monde pourra faire: Si **Wellington** a vaincu , pour ainsi dire , *sans le vouloir*, que n'eût-il point fait avec les ressources de son génie ?....

Malgré beaucoup d'écrits sur le même sujet, le vôtre nous manquait ; on aime à dire que la

France le doit à un de ses enfans, l'armée à un de ses braves (1).

Toutefois, un tel ouvrage n'a beaucoup de prix que lorsqu'il est conforme à la vérité sur tous les points, et dicté sans prévention. Vous-même, monsieur le général, seriez le premier, j'en suis sûr, à demander qu'on vous signalât une assertion inexacte, une expression hasardée, s'il vous en était échappé. « L'erreur, dites-vous, à force d'être répétée, finit souvent par être prise pour la réalité »; aucune autre considération ne m'a porté à réfuter plusieurs passages de la *campagne de* 1815, *écrite à Sainte-Hélène.*

Mais, et je n'ai pas besoin de le déclarer d'avance, ce ne sera point sur les faits militaires que frapperont mes remarques; elles auront pour but de réduire à leur juste valeur quelques inductions tirées de la situation générale de la France après Waterloo, parce que ces inductions me paraissent forcées; de combattre en même temps des reproches adressés aux représentans de la nation qui composaient la

---

(1) Il faut cependant distinguer de la foule le *Préci* de M. le maréchal-de-camp Berton, dont on a vanté avec justice, l'exactitude et la profondeur.

chambre de 1815, parce que ces reproches me paraissent injustes. Il se peut, monsieur le général, que nous différions d'opinion ; il se peut qu'un petit nombre partage la mienne. Mais quand j'en aurais la conviction, dès à présent, je n'en parlerais pas moins selon ma conscience ; je n'en dirais pas moins ce que je crois utile de dire, et par cela seul que je le crois utile.

Il serait peut-être nécessaire de s'entendre sur la valeur de certains mots, avant de parler des choses et des personnes. C'est en différant sur l'acception qu'on diffère sur l'application.

Vous dites, en commençant le chap. 2 de votre relation, que L'EMPEREUR *Napoléon était arrivé à Paris le 20 mars ;* je dis que ce n'est point l'empereur Napoléon qui était arrivé à Paris le 20 mars, mais bien Napoléon L'EX-*empereur.* Je vous demande pardon de cette première observation ; bien qu'elle puisse vous paraître puérile, je prouverai plus loin que ce n'est point une dispute de mots, et qu'elle mène à des conséquences de la plus haute importance, dans l'intérêt d'un gouvernement constitutionnel.

Mais auparavant, je dois repousser le reproche de personnalité que quelques lecteurs

seraient peut-être tentés de m'adresser à l'égard
du prisonnier de Sainte-Hélène ; non que je
tienne beaucoup à prouver que ce n'est point
Napoléon lui-même que j'ai en vue dans mes
critiques, et seulement son système, mais parce
que telle n'est point en effet mon intention ; et,
pour qu'on n'en doute pas, on me permettra,
j'ose l'espérer, de faire ici ma profession de foi.

Comme Français, mes vœux repousseraient
vivement Napoléon, s'il pouvait encore avoir
des partisans, parce que je le crois désormais
incapable de faire le bien qui naguères dépendait de lui. Comme homme, je suis indigné du
traitement que lui fait éprouver le gouvernement anglais ; et, s'il était en mon pouvoir,
j'aiderais à abréger des souffrances contre les-
quelles parle l'humanité.

Maintenant, monsieur le général, je vais
entrer en matière.

Vous ne contesterez pas qu'il ne suffisait
point à Napoléon de débarquer au golfe Juan
et de *se* proclamer empereur des Français,
pour qu'il le fût légalement. Il avait abdiqué et
n'était plus que le souverain de l'île d'Elbe (1) ;

___

(1) Je regrette beaucoup de n'avoir pas su placer ici

tout ce qu'il pouvait faire, c'était de demander le vœu de la nation. Jusques là il était l'*ex-empereur* des Français et rien de plus. Un autre gouvernement avait remplacé le sien.

Mais, dira-t-on, son abdication avait été forcée. Il l'avait signée sous les baïonnettes étrangères. Cela pourrait être ; il est même probable qu'elle ne fut que contre son gré ; peu de monarques abdiqueraient volontairement le suprême pouvoir. Toutefois, en laissant de côté la question de savoir si l'abdication de l'empereur devait paraître alors utile à la France ; si les suites d'un tel acte devaient nous conduire à un gouvernement constitutionnel, était-ce

---

un autre mot que celui de *souverain*. Je ne pouvais dire ni l'empereur, ni le roi, ni le duc de l'île d'Elbe. Lecteurs, qui connaissez la véritable signification du mot *souverain*, vous m'excuserez : je ne veux pas plus que vous la dénaturer.

Cette remarque pourrait bien m'attirer quelque malin trait des spirituels défenseurs de la monarchie absolue ; j'y souscris d'avance et très-humblement. Ma réponse sera celle-ci : « Convenez qu'il faut qu'il y ait » des peuples avant qu'il y ait des rois. Si vous n'en » convenez pas, il ne nous importe. Nous croirons tou- » jours sans vous que deux et deux font quatre. »

(VOLTAIRE.)

à Napoléon seul à juger, en 1815, du mérite de cette abdication? L'assentiment national est-il donc si peu de chose, qu'on doive le compter pour rien, ainsi qu'il l'a fait en se disant empereur des Français, dès le golfe Juan? annonçait-il bien par là un retour sincère à des principes libéraux?

Par quel aveuglement Napoléon croyait-il pouvoir inspirer plus de confiance en disant aux Français : Je vous apporte des idées constitutionnelles, et, pour le prouver, je viole le premier mot de la constitution, je me fais empereur de ma propre autorité?

Ceci pourrait conduire à l'examen de ses *articles additionnels* dont, au reste, on a peut-être dit et trop de mal, et trop de bien. Je me bornerai à répéter après tant d'autres, que ce n'était point là ce que Napoléon avait à faire. Il fallait à la nation d'autres garanties. On se souvenait encore que dans son précédent règne, et, grâces à des législateurs qui ne faisaient point les lois, et à d'illustres sénateurs qui ne formaient point un sénat, il n'avait que trop foulé aux pieds les droits les plus sacrés. Arrivé aux Tuileries *militairement*, il devait être remplacé par un gouvernement provisoire qui eût appelé les mandataires du peu-

ple; car de ceux-là seulement dépendait l'institution d'un gouvernement légal. Il ne faut
pas être bien profond pour sentir que telle devait être la marche naturelle d'un homme qui
promettait franchement une constitution, et
qui proclamait cette grande vérité, que les peuples ne sont point faits pour les rois. Et puisque
Napoléon a autrefois donné des lois à la France
par l'organe de son sénat, il devait se souvenir qu'un *sénatus-consulte* l'avait déchu en
1814; c'eût été prouver au moins quelque respect pour ses institutions (1).

---

(1) Comme on aura peut-être perdu le souvenir de
ce sénatus-consulte, il n'est pas inutile d'en remettre
le *considérant* sous les yeux du lecteur.

« Le sénat conservateur,

» Considérant que dans une monarchie constitution-
» nelle, le monarque n'existe qu'en vertu de la consti-
» tution et du pacte social;
» Que Napoléon Bonaparte, pendant quelque temps
» d'un gouvernement ferme et prudent, avait donné à la
» nation des sujets de compter pour l'avenir sur des actes
» de sagesse et de justice; mais qu'ensuite il a déchiré
» le pacte qui l'unissait au peuple français, notamment
» en levant des impôts, en établissant des taxes autre-
» ment qu'en vertu de la loi, contre la teneur expresse

Non, le souverain de l'île d'Elbe n'était plus
l'empereur des Français; encore une fois, il
avait abdiqué. Soutenir le contraire serait al-

» du serment qu'il avait prêté à son avénement au
» trône, conformément à l'article 53 de l'acte des cons-
» titutions du 28 floréal an 12 ;

» Qu'il a commis cet attentat aux droits du peuple
» lors même qu'il venait d'ajourner, sans nécessité, le
» corps législatif, et de faire supprimer comme crimi-
» nel un rapport de ce corps auquel il contestait son
» titre et sa part à la représentation nationale ;

» Qu'il a entrepris une suite de guerres, en violation
« de l'article 50 de l'acte des constitutions du 22 fri-
» maire an 8 , qui veut que la déclaration soit propo-
» sée , discutée , décrétée et promulguée comme des
» lois ;

» Qu'il a inconstitutionnellement rendu plusieurs
» décrets portant peine de mort, nommément les deux
» décrets du 5 mars dernier , tendant à faire considé-
» rer comme nationale une guerre qui n'avait lieu que
» dans l'intérêt de son ambition démesurée ;

» Qu'il a violé les lois constitutionnelles par ses dé-
» crets sur les prisons d'état ;

» Qu'il a anéanti la responsabilité des ministres, con-
» fondu tous les pouvoirs, et détruit l'indépendance des
» corps judiciaires :

» Considérant que la liberté de la presse , établie et
» consacrée comme l'un des droits de la nation , a été
» constamment soumise à la censure arbitraire de sa
» police, et qu'en même temps il s'est toujours servi de

ler contre le simple bon sens. Sa Majesté Louis XVIII n'avait pas plus été le lieutenant de Napoléon, pendant la première restauration, que Napoléon n'avait été le lieutenant de Louis XVIII, durant le gouvernement impérial. Ce n'était point l'étendard tricolore qui

---

« la presse pour remplir la France et l'Europe de faits » controuvés, de maximes fausses, de doctrines favo- » rables au despotisme et d'outrages contre les gouver- » nements étrangers ;

» Que des actes et rapports entendus par le sénat ont » subi des altérations dans la publication qui en a été » faite :

» Considérant qu'au lieu de régner dans la seule vue » de l'intérêt, du bonheur et de la gloire du peuple » français, aux termes de son serment, Napoléon a mis » le comble aux malheurs de la patrie, par son refus de » traiter à des conditions que l'intérêt national obli- » geait d'accepter, et qui ne compromettaient pas l'hon- » neur français ;

» Par l'abus qu'il a fait de tous les moyens qu'on lui » a confiés en hommes et en argent ;

» Par l'abandon des blessés sans pansements, sans » secours, sans subsistances ;

» Par différentes mesures dont les suites étaient la » ruine des villes, la dépopulation des campagnes, la » famine et les maladies contagieuses ;

» Considérant que, par toutes ces causes, le gouver- » nement impérial, établi par le sénatus-consulte du 28

flottait dans l'armée commandée à Melun, avant le 20 mars, par Sa Majesté Louis XVIII en personne ; comme ce n'avait point été le drapeau blanc qu'on avait arboré à Lisbonne et à Moscou, lorsque Napoléon y portait les armes françaises, pour le malheur de la France; à moins que Napoléon n'ajoutât le titre d'empereur des Français à sa qualité de souverain de l'île d'Elbe, comme le roi d'Angleterre se disait autrefois roi de France, et comme le roi de France se dit aujourd'hui roi de Navarre, le titre d'empereur des Français devenait pour lui intolérable. Mais Napoléon y attachait une autre importance ; c'est la première faute qu'il ait com-

---

» floréal an 12 , a cessé d'exister, et que le vœu mani-
» feste de tous les Français appelle un ordre de choses
» dont le premier résultat soit le rétablissement de la
» paix générale , et qui soit aussi l'époque d'une récon-
» ciliation solennelle entre tous les états de la grande
» famille européenne ;

» Le sénat déclare , etc......» (*Moniteur* du 11 avril 1814.)

C'est à M. Lambrechts qu'on est redevable de ce *considérant*, et tout le monde sait que ce digne sénateur était du très-petit nombre des opposans, lorsqu'il s'agissait de voter, pour la forme, ce que l'empereur *ordonnait*.

mise à son retour, et la preuve non équivoque qu'il n'était point corrigé.

Il est vrai qu'il invoquait *la grâce de Dieu*, grâce très-respectable sans doute, et qu'il s'appuyait encore des *constitutions de l'empire ;* mais, d'abord, celles-ci lui étaient contraires depuis qu'il avait cessé de leur appartenir ; et quant à *la grâce de Dieu*, il serait utile de savoir si elle ne devrait point passer par la bouche des peuples avant d'arriver à l'oreille des rois. Les Aragonais avaient décidé la question lorsqu'ils disaient à leur monarque : *Nous qui valons autant que vous, et qui pouvons plus que vous, vous faisons notre roi, à condition que vous respecterez nos droits ; sinon, non* (1).

---

(1) Qui n'eût pas cru cependant qu'en 1815 Napoléon fût sincèrement revenu de son système anti-libéral, quand il s'accuse lui-même de l'avoir suivi ? Lisons ce qu'il répondait au conseil d'état lorsque ce corps déplorait l'attentat du général Mallet, félicitait S. M. I. et R. de son heureux retour de Moscou et lui exprimait son admiration pour le développement du plus auguste caractère pendant ce mois de périls et de gloire… S. M. daigna répondre en ces termes :

« Conseillers d'état, toutes les fois que j'entre en France,

Quoi qu'il en soit, M. le général, Napoléon
arriva aux Tuileries le 20 mars ; il forma son

» mon cœur éprouve une bien vive satisfaction. Si le
» peuple montre tant d'amour pour mon fils , c'est qu'il
» est convaincu *par sentiment* des bienfaits de la mo-
« narchie.

 » *C'est à l'idéologie , à cette ténébreuse métaphy-*
» *sique,* qui, en recherchant avec subtilité les causes
» premières, veut sur ses bases fonder la législation des
» peuples, au lieu d'approprier les lois à la connaissance
» du cœur humain et aux leçons de l'histoire, *qu'il faut*
» *attribuer tous les malheurs qu'a éprouvés notre belle*
» *France. Ces erreurs devaient et ont effectivement*
» *amené le régime des hommes de sang.* En effet, qui
» a proclamé le principe d'insurrection comme un de-
» voir? Qui a adulé le peuple en le proclamant à une
» souveraineté *qu'il était incapable d'exercer ?* Qui a
» détruit la sainteté et le respect des lois, en les faisant
» dépendre, non des principes sacrés de la justice ,
» de la nature des choses et de la justice civile, mais
» seulement de la volonté d'une assemblée composée
» d'hommes étrangers à la connaissance des lois civiles,
» criminelles , administratives, politiques et militaires?
» Lorsqu'on est appelé à régénérer un état, ce sont des
» principes constamment opposés qu'il faut suivre.
» L'histoire peint le cœur humain ; c'est dans l'histoire
» qu'il faut chercher les avantages et les inconvéniens
» des différentes législations. Voilà les principes que le

gouvernement, et fit des dispositions militaires dont vous vantez avec raison l'étonnante célé-

---

» conseil d'état d'un grand empire ne doit jamais perdre
» de vue; il doit y joindre un courage à toute épreuve,
» et, à l'exemple des présidens Harlay et Molé, être
» prêt à périr *en défendant le souverain, le trône et les*
» *lois....*»   (*Moniteur* du 21 décembre 1812.)

Tel était le langage du despotisme en 1812. Napoléon, en faisant ainsi passer, et comme par un reste de pudeur, les lois après le souverain et le trône, ne semblait-il pas expliquer le fameux *l'état c'est moi?*

Mais le 26 mars 1815, le conseil d'état présente une délibération dans laquelle ses membres ont consigné les principes qui dirigeront leur opinion et leur conduite, et S. M. répond en ces termes :

« *Les princes sont les premiers citoyens de l'état.*
» Leur autorité est plus ou moins étendue selon l'inté-
» rêt des nations qu'ils gouvernent. La souveraineté elle-
» même n'est héréditaire que parce que l'intérêt des
» peuples l'exige. *Hors de ces principes, je ne connais*
» *pas de légitimité.*

» J'ai renoncé aux idées du grand empire, dont de-
» puis quinze ans je n'avais encore que posé les bases.
» Désormais le bonheur et la consolidation de l'empire
» français seront l'objet de toutes mes pensées.»
            (*Moniteur* du 27 mars 1815.)

Napoléon avait donc, en 1815, d'autres idées sur l'*idéologie*, sur cette *métaphysique ténébreuse* contre laquelle il déployait toute son éloquence en 1812?

rité. Au commencement de juin, la France comptait déjà une armée de trois cent cinquante mille hommes effectifs (dont cent quatre-vingt mille prêts à faire la guerre) et de cent cinquante mille dans les places, et il se mit en campagne.

Après plusieurs victoires, la bataille de Waterloo eut lieu. A trois heures de l'après-midi, elle eût été gagnée par soixante-sept mille Français contre quatre-vingt-dix mille Anglo-Hollandais, sans le mouvement de Bulow. Ces soixante-sept mille Français eussent encore triomphé de cent vingt mille ennemis (quatre-vingt-dix mille Anglo-Hollandais, et trente mille Prussiens), si Blucher ne fût pas arrivé. Enfin, le résultat de la bataille neût été qu'ordinaire, si la division de la cavalerie de réserve de la garde n'eût pas été mal à propos engagée (1). On aime à répéter ces détails; on aime à rendre cette justice à une armée où la malveillance et la trahison de quelques individus cherchaient à exercer leur influence.

Ceux de nos braves qui nous sont restés peuvent dire : « Ni le talent circonspect du

____

(1) Voir page 22 de *la Campagne de* 1815.

héros anglais, ni l'habileté fougueuse du héros prussien, ni la trahison du général Bourmont ne nous auraient fait perdre une bataille où nous étions soixante-sept mille contre cent cinquante mille, sans une de ces fautes qui ne viennent que de trop d'impétuosité (1) ».

Je ne m'arrêterai pas davantage à cette funeste journée ; des milliers de Français y périrent. Ils défendaient leur territoire ; ils ont bien mérité de la patrie. Ce mot n'est rien pour des hommes dont le cœur ne bat pas au mot de *liberté* ; les vrais patriotes l'entendent. Je dis *vrais patriotes* avec intention, car chacun veut l'être à sa manière, et pour quelques-uns la patrie est ou le gouvernement impérial et ses places, ou l'ancien régime et sa stupidité. Or, il n'y aurait pas plus de patriotisme dans un partisan exclusif du gouvernement déchu, qu'il n'y en a dans un *ultrà-roya-*

---

(1) On a nommé plusieurs officiers qui étaient passés à l'ennemi le jour de Waterloo. Mais leur influence n'est point à comparer avec celle d'un *général*, et il suffit d'indiquer M. DE BOURMONT. Que font, en effet, dans une armée de braves, quelques traîtres subalternes?

liste (1). Trop heureux encore cependant, si nous ne comptions point parmi nous des gens qu'on pourrait appeler *ultrà-ultrà !* Espérons que ces nuances disparaîtront, et que les mots *union , oubli* retentiront ailleurs que dans les harangues des préfets et sous-préfets du royaume.

J'ai dit que je ne m'arrêterais point aux opérations de tactique ; je laisse en effet de côté les mouvemens de troupes, les mesures offensives ou défensives des armées, et je passe, monsieur le général, au chapitre onze de votre relation. Dans le précédent, vous avez fait connaître les ressources militaires qui restaient encore à la France après la bataille de Waterloo. Dans celui-ci, vous parlez d'événemens politiques qu'on n'avait pu prévoir, qui paralysèrent tout, et forcèrent l'empereur à abdiquer en faveur de son fils.

C'est alors que le récit a besoin d'être rectifié, et vous y attachez sans doute trop d'im-

---

(1) Il y aurait toutefois cette différence, que les premiers n'ont point fait preuve d'un esprit anti-national ; ils n'ont point applaudi à l'invasion de la France, et pleuré à la retraite de l'ennemi.

portance pour ne pas désirer d'être instruit
de ce qui s'est réellement passé après le retour
de Napoléon à Paris.

L'empereur était arrivé au palais de l'Elysée
le 21 juin, et avait convoqué le conseil des
ministres. L'opinion, dites-vous, était de déclarer Paris en état de siége, de porter le cen-
tre du gouvernement à Tours, *d'y convoquer
les chambres, etc.*; on discutait s'il convenait
que l'empereur portât lui-même, en habit de
voyage, ces décisions aux chambres, lorsque
l'on fut instruit que la plus vive fermentation se
manifestait parmi les députés.

« Peu après-midi (ici je copie littéralement),
» l'on reçut un message par lequel cette cham-
» bre se déclarait en permanence, méconnais-
» sait l'autorité impériale, et déclarait traître à
» la patrie quiconque voudrait suspendre sa
» permanence. M. de la Fayette paraissait se
» placer à la tête d'un parti *dont on ignorait
» les véritables intentions.* Quelques momens
» après, on apprit que la chambre des pairs
» venait de suivre l'exemple de celle des dé-
» putés, et de se mettre en *insurrection* con-
» tre l'empereur.

» Ces deux événemens, ajoutez-vous, sus-
» pendirent tout. On ne jugea plus qu'il fût

» convenable que l'empereur se transportât au
» milieu des députés de la nation , puisqu'ils
» s'étaient déclarés en *insurrection*. Les mi-
» nistres seulement s'y rendirent et annoncè-
» rent l'arrivée de l'empereur à Paris et la si-
» tuation des affaires (1). »

Si Napoléon eût dicté ce passage , on y aper-
cevrait facilement cet embarras d'un historien ,
qui aurait joué lui-même un grand rôle dans
l'événement qu'il rapporterait , et pour qui la
vérité serait pénible ; toutefois, ce serait une
raison de plus de la mettre au grand jour.

D'abord, monsieur le général, ce n'est point
la simple *convocation des chambres à Tours*
que l'empereur avait discutée et qu'il voulait
leur annoncer ; c'est leur DISSOLUTION. Il se
faisait dictateur et se disposait à prendre des
mesures désespérées et tyranniques. Ce parti
que vous présentez comme le troisième de
ceux qui s'offraient à l'empereur *après* la résolution qui déclarait les chambres en permanence, ce parti, Napoléon l'avait pris *avant*
la résolution des chambres ; il n'en avait
point pris d'autres. Ses serviteurs les plus dé-

______

(1) Page 142.

voués, ses ministres les plus zélés en avaient été effrayés ; c'est après en avoir été instruit, *c'est sur les réponses de deux de ces ministres*, que le général la Fayette se hâta de proposer la permanence. Et puisque vous ignorez les intentions du parti à la tête duquel vous dites que M. la Fayette paraissait se placer, je me trouve heureux de pouvoir vous les faire connaître en mettant sous vos yeux le discours prononcé par lui à la tribune quand il fit sa motion.

« Lorsque, pour la première fois depuis bien
» des années, dit le général la Fayette, j'é-
» lève une voix que les vieux amis de la li-
» berté reconnaîtront encore, je me sens ap-
» pelé, Messieurs, à vous parler des dangers
» de la patrie que vous seuls à présent avez le
» pouvoir de sauver.

» Des bruits sinistres s'étaient répandus ; ils
» sont malheureusement confirmés. Voici le
» moment de nous rallier autour du vieux-éten-
» dard tricolore, celui de 89, celui de la li-
» berté, de l'égalité et de l'ordre public ; c'est
» celui-là seul que nous avons à défendre con-
» tre les prétentions étrangères et contre les
» tentatives intérieures. Permettez, Messieurs,
» à un vétéran de cette cause sacrée, qui fut

» toujours étranger à l'esprit de faction, de
» vous soumettre quelques résolutions, dont
» vous apprécierez, j'espère, la nécessité (1). »
Ces paroles, monsieur le général, n'ont pas

---

(1) Je n'ai pas supprimé dans ce discours le mot *tri-colore* qui s'y trouve, parce que ce ne serait point être exact, et qu'il ne s'agit que d'un fait historique. A Dieu ne plaise que je veuille insinuer rien de séditieux ! Il est vrai que nous vivons aujourd'hui sous l'antique et sacré pavillon de nos rois ; mais je parle d'une époque où nous n'avions point ce bonheur ; et il serait ridicule de craindre la censure, en disant que telle chose a été dite ou faite, lorsque cette chose est bien celle qui a été. D'ailleurs, le mot tricolore n'a rien qui doive bles-ser même les oreilles les plus délicates : Louis XVI prit les couleurs nationales, et un homme dont à coup sûr on ne soupçonnera pas les intentions, M. de Mont-losier, s'est exprimé à ce sujet dans des termes qui mé-ritent d'être rapportés.

« Je ne puis dire (c'est M. de Montlosier qui parle),
» si les membres du gouvernement provisoire, qui ont
» délibéré longuement et sérieusement sur la conve-
» nance de quitter le drapeau tricolore et de prendre la
» cocarde blanche, ont senti toute l'importance de
» cette mesure, s'ils en ont prévu tous les résultats ul-
» térieurs. Dans tous les cas, au moins, il était à dési-
» rer que le roi, avec les lumières et la bonté qui le
» caractérisent, appréciât dans ses conséquences à ve-

besoin de commentaires. Il serait superflu de
dire que de tels sentimens animèrent constamment et le commandant en chef de la garde
nationale de Paris , et le prisonnier d'Olmultz.

» venir, cet acte non de réflexion , mais tout de respect
» pour lui et de courtoisie.

» Lorsqu'à la suite des scènes du 14 juillet, dit en-
» core M. de Montlosier qui était député aux états-
» généraux, on nous apporta à Versailles le drapeau
» tricolore, nous pûmes frémir à la vue de ce traves-
» tissement de l'ancien drapeau des lys; mais avec le
» temps, lorsque ce drapeau est devenu l'emblême d'un
» grand changement dans l'état; lorsque se mesurant
» avec l'ancien drapeau blanc ainsi qu'avec tous les
» drapeaux de l'Europe, il est sorti triomphant de ces
» luttes; lorsque , porté dans les combats , il s'est em-
» preint de toutes les couleurs de la gloire; lorsqu'il a
» flotté avec honneur sur toutes les mers , dans toutes
» les contrées de l'Europe; qu'il a été salué par le
» monde entier, et respecté par tous les potentats; il
» faut dire plus, lorsqu'il est arrivé à signifier la révo-
» lution même, les bouleversemens qu'elle a causés et
» les avantages qui en sont sortis en faveur de la partie
» la plus nombreuse et la plus considérable de la na-
» tion; un gouvernement nouveau qui s'est annoncé pour
» entrer sur ce sol tout révolutionnaire, à l'effet seule-
» ment de maintenir et de réparer, a dû traiter avec
» plus d'importance une mesure qu'un certain parti

Ainsi le *parti* à la tête duquel M. de la Fayette paraissait se placer, et dont on ignorait, selon vous, les intentions, était celui *de la liberté, de l'égalité et de l'ordre public;* s'il est fâcheux qu'on l'ait ignoré, c'est assurément pour ceux qui l'ignoraient.

Napoléon voulait donc décréter la dissolution des chambres et se faire dictateur. Il est

---

» sera naturellement porté à regarder comme un « triomphe.... »

Plus loin, M. de Montlosier ajoute : « Lorsque » Henri IV, aux portes de Paris, vient faire au peuple » français l'abandon de la religion dans laquelle il » était né, est-ce parce qu'il a été terrassé tout-à-coup » comme saint Paul par la foudre de la grâce? Il est » probable que c'est plutôt par un sentiment de raison » et de bonté. La politique a pu dire ensuite : Le » royaume de France vaut bien une messe. Louis XVIII » prenant les couleurs de la révolution et lui sacrifiant » les siennes, eût fait dire de même : Le royaume de » France vaut bien un ruban.

« La vérité, c'est qu'avec la cocarde blanche, » Louis XVIII ne peut presque rien faire aujourd'hui » sans danger pour ses compagnons d'infortune et pour » ses amis. Avec la cocarde tricolore, il eût fait tou » ce qu'il aurait voulu.... »

(*De la Monarchie française, depuis le retour de la maison de Bourbon,* etc. par M. de Montlosier.)

heureux qu'on ne lui en ait pas laissé le temps
et qu'il ait été gagné de vitesse par le digne re-
présentant qui fit prononcer la permanence.

C'est, sans contredit, un bonheur inexpri-
mable que celui d'avoir évité *les actes les plus
arbitraires et les plus terribles* auxquels vous
dites que Napoléon *devait être prêt à se porter*
en sa nouvelle qualité. Ç'a été aussi un bonheur
pour lui; car il vaut mieux souffrir seul que
d'avoir fait souffrir toute la France, et, certes,
toute la France aurait souffert, puisque, comme
*dictateur, il fallait gouverner par la hache du
licteur et par l'impulsion d'une populace furieuse qu'il fallait déchaîner....* (1). Si vous
avez songé, en écrivant cette phrase, à toute
la reconnaissance qu'elle doit inspirer pour le
général la Fayette, je vous en remercie au nom
des amis de la liberté qui, j'en suis sûr, ne me
désavoueront pas.

Mais on doit être étonné de lire dans votre
écrit le passage suivant : « Aujourd'hui que
» les circonstances sont passées, il est (Napo-
» léon) encore en doute de savoir si le pre-
» mier (le premier parti, celui de la dictature)

-----

(1) Page 147 du livre de M. Gourgaud.

v eût été plus utile à la France (1). » Comment donc eût-il pu être utile à la France d'avoir un gouvernement dont les moteurs eussent été la hache du licteur et l'impulsion d'une populace furieuse? De quelque côté qu'on envisage les intérêts de la nation à cette malheureuse époque, il est difficile de reconnaître une semblable utilité. Soit pour s'unir contre l'ennemi au-dehors, soit pour pacifier l'intérieur, c'est un étrange moyen que celui de causer des déchiremens tels que ceux qui auraient infailliblement suivi la dictature. Si Napoléon est encore aujourd'hui dans l'incertitude sur la question de savoir si ce parti eût été plus utile à la France, il n'a donc pas pensé comme vous, monsieur le général, à la hache du licteur, à l'impulsion d'une populace furieuse, qu'il fallait déchaîner? Il est impossible de conserver la moindre hésitation après avoir fait cette réflexion épouvantable.

Heureusement pour nous et pour lui, Napoléon abdiqua, et il n'a qu'à regretter de ne l'avoir pas fait de son propre mouvement. C'est alors qu'il eût véritablement prouvé

---

(1) Page 146.

la pureté de ses intentions ; car, ainsi que vous l'avez écrit : « Napoléon devait à sa » gloire, devait à la nation, qui, deux fois, » lui avait confié ses destinées, de constater » aux yeux de la postérité que, si la France » périssait, ce n'était pas au moins aux » intérêts d'un seul homme qu'elle avait été » sacrifiée. » Si, par ce parti « il ne pou- » vait rien faire pour la patrie, il cessait » au moins d'être un obstacle à sa déli- » vrance..... Il rendait aux représentans de » la nation le libre exercice de toute leur » énergie (1). »

On ne pourrait guères donner de plus so- lides raisons en faveur de l'abdication, et il faut que Napoléon ne les ait pas senties comme vous, s'il a conservé le moindre doute sur son utilité. Les protestations des souve- rains alliés n'en laissaient aucun sur leurs in- tentions. Il était bien clair, d'après les pièces officielles communiquées aux chambres par le ministre des relations extérieures, qu'ils ne faisaient la guerre qu'à sa personne. L'as- surance en fut réitérée plus tard aux pléni-

---

(1) Page 148.

potentiaires français, lors des conférences de Haguenau. Il n'a dépendu que des monarques alliés de prouver, par la suite, *que les promesses des rois ne sont pas vaines* (1).

Napoléon devant paraître alors un obstacle à la délivrance de la patrie, on conçoit diffi-

---

(1) On lit dans le *Moniteur* du 3 avril 1814 : Rien n'est plus intéressant et plus touchant que ce qui s'est passé ce soir à l'audience que S. M. l'empereur de Russie a donnée au sénat. Après avoir reçu les hommages de ce corps :

« Un homme qui se disait mon allié, a dit l'empe-
» reur Alexandre , est arrivé dans mes états en in-
» juste agresseur ; *c'est à lui que j'ai fait la guerre et*
» *non à la France ;* je suis l'ami du peuple français ;
» ce que vous venez de faire redouble encore ce senti-
» ment : il est juste, il est sage de donner à la France
» des institutions fortes et libérales qui soient en rap-
» port avec les lumières actuelles. MES ALLIÉS ET MOI
» NOUS NE VENONS QUE PROTÉGER LA LIBERTÉ DE VOS DÉ-
» CISIONS. » .....

Comment ne pas voir là que , dès 1814 , les alliés ne faisaient la guerre qu'à Napoléon ? comment n'être pas pénétré de reconnaissance envers les monarques étrangers, lorsqu'ils viennent tout exprès à Paris pour y protéger les décisions du sénat français, et lorsque, pour mieux assurer cette protection , ils se font précéder par un million d'hommes ?.....

cilement que vous nommiez *insurrection* la permanence des chambres. Ce mot d'insurrection, que vous répétez avec une sorte de complaisance, il est nécessaire d'en démontrer la fausse application. Et d'abord, je prendrai la liberté de vous demander, de qui les représentans étaient les mandataires ; s'ils devaient une obéissance passive à l'empereur, ou s'ils étaient chargés des intérêts de la nation? C'est une singulière insurrection que celle de représentans qui, fidèles à leur mandat, ont la force de déclarer au monarque qu'il ne peut point faire le bonheur du peuple, qu'il est au contraire un obstacle à sa délivrance.

Mais, direz-vous, c'est contre l'empereur que la chambre se déclarait en insurrection, puisqu'elle méconnaissait son autorité ; en prêtant serment de fidélité à la constitution, les représentans avaient aussi juré fidélité à l'empereur ; soit. Je ne veux point rappeler les circonstances qui ont précédé ce serment, les discussions auxquelles il avait donné lieu. Je n'aborderai pas non plus la question des sermens et de leur inutilité : trop d'exemples se présenteraient ; trop de personnages, qu'on voit aujourd'hui soutenir le trône des lys ;

devraient être cités comme ayant demandé
à Napoléon le privilége de défendre sa dy-
nastie *contre toute autre*, en suppliant S. M.
I. et R. de leur accorder des places et des
rubans. Je me bornerai à cette réponse dictée
par le bon sens : que les intérêts de Napoléon
étaient en opposition avec ceux de la patrie ;
et je ne vous ferai pas l'injure de penser que,
ce cas étant arrivé, vous balanciez sur le parti
que doivent prendre alors les représentans
de la nation.

Mais comment concilier votre opinion, ou
plutôt celle de Napoléon, quant à la résolution des chambres, avec ce passage que j'ai
déjà cité : « On ne jugea plus, dites-vous, qu'il
» fût convenable que l'empereur se transportât
» au milieu des députés de la nation, puis-
» qu'ils s'étaient déclarés en insurrection. *Les*
» *ministres seulement s'y rendirent, et annon-*
» *cèrent l'arrivée de l'empereur à Paris et la*
» *situation des affaires* (1) » Pourquoi l'empereur, qui ne jugeait plus convenable d'aller
instruire les représentans des événemens qui
venaient d'arriver, jugeait-il convenable d'y

______

(1) Page 142.

envoyer ses ministres? L'insurrection qui empêchait Napoléon de parler lui-même, ne l'empêchait donc pas de faire parler pour lui; il croyait donc que si c'était, pour ainsi dire, consacrer *l'insurrection*, que d'aller en personne à la chambre, cela ne tirait point à conséquence en y envoyant ses fondés de pouvoirs? Mais l'empereur ou les ministres, les ministres ou l'empereur, en pareil cas la chose est la même, et ce que l'empereur vient dire, n'est pas plus officiel que ce que ses ministres viennent dire pour lui. Il y a là, monsieur le général, quelque chose qui décèle nécessairement l'impossibilité où vous étiez de faire connaître la vérité; permettez-moi de suppléer à vos renseignemens. Je n'aurais pas tant insisté sur l'incohérence du paragraphe que je viens de copier, s'il ne devait résulter des éclaircissemens que je vais donner, la preuve palpable que Napoléon n'a point abdiqué, en 1815, de sa simple volonté, et s'il n'était indispensable de bien l'établir, pour confirmer ce qui précède. Je ne dis pas que Napoléon ne fût capable d'un mouvement aussi généreux; je rapporte des faits.

Sans doute, s'il avait pris le parti de se faire dictateur, dès son arrivée à Paris, il ne serait pas conséquent de dire qu'il eût songé à son abdication ; après avoir avancé que ce fut pour prévenir la dissolution des chambres que le général La Fayette les fit déclarer en permanence, il reste à exposer comment l'abdication a été amenée. On verra qu'elle fut prescrite à l'empereur, ou que ce qui eut lieu fut l'équivalent d'une sommation d'abdiquer.

Napoléon était arrivé à l'Elysée le 21, à onze heures du matin, et dans la séance du même jour, sur les renseignemens que le général La Fayette venait de recevoir, sur les réponses de deux ministres de l'empereur, il fit sa motion, et la chambre se déclara en permanence.

Or, l'art. 5 de cette résolution appelait les ministres dans le sein de l'assemblée, et l'on voit déjà qu'il y a erreur lorsque vous parlez de la présence des ministres à la chambre, dans ce sens qu'ils y venaient annoncer l'arrivée de l'empereur, et y exposer, de sa part, la situation des affaires. Cette erreur est évidente lorsqu'on lit dans les journaux du temps que l'assemblée manifesta vivement son impatience du retard que les ministres mettaient à se rendre à l'invitation des représentans ; ils furent appelés par plusieurs messages.

Cependant on les introduit à cinq heures, et ils ont à leur tête le prince de Canino, nommé par l'empereur son commissaire extraordinaire, pour proposer des moyens de sauver la patrie. C'est dans le discours éloquent que le prince de Canino prononça à ce sujet, que la nation fut taxée de légèreté et de manque de persévérance, si elle abandonnait l'empereur. Il cita l'exemple des Allemands, des Russes, des Espagnols, et dit que l'histoire nous mettrait au-dessous de tous ces peuples.... Les Français venaient d'être calomniés : M. de la Fayette, qu'il faut toujours citer lorsqu'il s'agit de défendre la vérité et la justice, prit la parole. Il n'eut pas de peine à prouver notre persévérance pour la cause de Napoléon. « La nation l'a » suivi, dit le général, dans les sables d'E-» gypte comme dans les déserts de Russie, » sur trente champs de bataille, dans ses vic-» toires comme dans ses désastres, et c'est » pour l'avoir suivi que nous avons à regretter » le sang de trois millions de Français... »

Les ministres firent eux-mêmes des observations sur la nécessité de se rattacher à Napoléon pour sauver la France. Mais la chambre, sans rien statuer à cet égard, arrêta qu'il serait nommé une commission de cinq membres pour

se concerter avec celle de la chambre des pairs
(si cette chambre en nommait une) et avec le
conseil des ministres, afin de proposer tous
moyens de salut public. Cette réunion extraordinaire eut lieu, la nuit suivante, aux Tuileries, et là, après quelques autres propositions,
on parla de l'abdication de Napoléon (dont il
avait déjà été touché quelques mots à la chambre dans le comité secret où Lucien avait plaidé
la cause de son frère); mais cette idée, mise
en avant par trois représentans seulement,
n'eut pas de suite.

Dans la séance du 22, la chambre entend la
lecture de la délibération du conseil extraordinaire tenu aux Tuileries ; en voici la prin-
cipale disposition :

« Les commissaires réunis ont senti la né-
» cessité d'inviter l'empereur à consentir à ce
» que les deux chambres nommassent une dé-
» putation qui se rendrait au quartier-général
» des monarques alliés, pour traiter *en leur*
» *nom*, sous la condition que l'indépendance
» nationale et l'intégrité du territoire français
» seront respectées ; que le peuple français
» sera maintenu dans le droit de se choisir li-
» brement le gouvernement qui lui conviendra;
» que les chambres s'engageront à ce que la

» paix de l'Europe ne puisse être troublée par
» le gouvernement français quel qu'il soit ; et
» qu'enfin elles s'assureront si les monar-
» ques, consentant à ces conditions, persis-
» teraient néanmoins dans l'intention de ne pas
» traiter avec le chef actuel de l'état. »

C'est après cette communication, qu'un membre (M. Duchène) propose *d'engager l'empereur au nom de la patrie qui souffre, au nom du salut public, à donner son abdication* (1). Sa proposition fut appuyée, et enfin la chambre, instruite que l'empereur devait envoyer un message, arrêta *qu'elle attendrait encore une heure...* On fit dire à Napoléon, sinon officiellement, au moins d'une manière officieuse et pour que son abdication parût faite librement, que si *dans une heure* il ne l'avait pas envoyée, la chambre prononcerait sa déchéance ; l'abdication arriva. Voilà, Monsieur le Général, ce qui s'est passé dans les journées des 21 et 22 juin.

Que si vous avez pensé que Napoléon pouvait, même après la résolution des chambres qui les déclarait en permanence, et connais-

______

(1) Voir *l'Indépendant* du 23 juin 1815.

sant le désir qu'elles manifestaient de le voir
abdiquer, pouvait, dis-je, se créer dictateur
et prononcer leur dissolution, je ne contes-
terai point que Napoléon n'en ait délibéré :
il est possible qu'il eût encore pu rassembler
des partisans ; mais, en ce cas, il est permis
aussi de douter que toute l'armée eût voulu
lui sacrifier la patrie ; et, quant à la garde nationale, ses dispositions n'étaient point équi-
voques. Le palais législatif était déjà entouré
d'un bataillon qui était venu s'offrir pour la
défense des représentans de la nation, et
assurément cet exemple eût été suivi. Pour-
tant il restait encore à Napoléon assez de
chances de succès pour qu'il paraisse juste de
donner des éloges à son abdication, et on ne
sera peut-être pas fâché de lire ceux que prononça M. Dupin à la tribune.

« L'abdication de l'empereur Napoléon,
» dit-il, était nécessaire ; mais elle est grande,
» généreuse ; elle mérite l'expression de la
» reconnaissance nationale. Le sacrifice que
» fait en ce moment Napoléon prouve qu'en
» effet il voulait la gloire et le bonheur du
» peuple français ; et c'est aujourd'hui, pour
» que cette gloire et ce bonheur ne soient pas
» compromis, pour que l'indépendance na-

» tionale ne soit pas attaquée, qu'il vient de
» se dévouer. Il remet au peuple français les
» pouvoirs qui lui avaient été confiés : votre
» premier devoir est donc d'accepter cette
» abdication au nom de la nation que vous
» représentez (1). »

Maintenant j'oserai vous demander, Monsieur
le général, s'il est plus glorieux pour Napoléon
d'avoir mérité ces éloges, que de s'être em-
paré de vive force d'un pouvoir dictatorial,
et d'avoir plongé la France dans un abîme de
maux ? Ah ! qu'il ne regrette pas d'avoir ab-
d'qué. Il vaut mieux pour lui mourir à Sainte-
Hélène par la main des Anglais, que de vivre
aux Tuileries par la hache du licteur (2).

---

(1) *Moniteur* du 23 juin 1815.

(2) Il dépendait de Napoléon d'éviter le sort dont il
est aujourd'hui victime. La loyauté de nos représen-
tants les avait portés à s'occuper de sa translation aux
États-Unis, et les moyens les plus sûrs étaient pris. On
avait été jusqu'à lui proposer deux frégates, dont l'une
aurait remplacé l'autre au besoin ; avec cette précau-
tion il était certain d'arriver. Mais il retardait toujours
et ne s'apercevait pas que Fouché le vendait. C'est à la
magnanimité de nos représentans que Napoléon dut
les égards dont il fut l'objet jusqu'à la fin. Et c'est en-

Je ne puis continuer , sans remarquer combien il est utile de posséder de bons documents lorsqu'on écrit une relation aussi importante que la vôtre. Privé de cette ressource, on s'expose à une confusion d'idées et de faits très-embarrassante pour le lecteur. Par exemple , vous annoncez , page 140 , des événemens qui forcèrent l'empereur à abdiquer ; et vous présentez son abdication, pages 143 et suivantes, comme le résultat de sa libre et mûre délibération ; vous dites, page 148, que Napoléon, en abdiquant, cessait d'être un obstacle à la délivrance de la patrie, qu'il élevait un point de réunion , qu'il rendait aux représentans le libre exercice de toute leur énergie, et vous venez d'avancer, page 146, « qu'aujourd'hui que les circonstances sont passées , il est encore en doute de savoir si sa dictature eût été plus utile à la France ». De sorte que ce qu'on n'a point obtenu, lorsque

core, guidé par cette loyauté, que le général la Fayette répondit à l'ambassadeur anglais qui lui demandait à Haguenau que Napoléon fût livré : *« Je suis étonné , mylord , que pour demander cette lâcheté au peuple français , vous vous adressiez de préférence à un prisonnier d'Olmutz. »*

toutes les difficultés étaient levées, Napoléon croit qu'il en serait venu à bout en continuant d'être un obstacle, en empêchant un point de réunion, en privant les représentans de la nation du libre exercice de toute leur énergie...

Mais l'incohérence la plus remarquable, c'est celle que présente la phrase où, après avoir pesé les motifs qui pouvaient militer en faveur de la dictature, vous ajoutez : « La » chambre des députés eût été contrainte *par* » *la force de rentrer dans le cercle constitu-* » *tionnel*, et l'ajournement aurait eu lieu (1). » Par où donc la chambre était-elle sortie du cercle constitutionnel ? Est-ce en continuant d'écouter les intérêts de la patrie, qui prescrivaient impérieusement l'abdication de l'empereur ? En méconnaissant leur mandat; en abandonnant la nation pour l'empereur, les représentans seraient-ils plutôt restés dans le cercle constitutionnel ?

Est-ce bien sérieusement, monsieur le Général, que vous avez écrit que la chambre *eût été contrainte* PAR LA FORCE *de rentrer dans ce cercle ?* J'hésite à le croire, et je relis deux

----

(1) Page 144.

fois ce passage pour m'assurer qu'il existe. Quoi ! c'est en s'emparant d'un pouvoir tyrannique, c'est en chassant, à l'aide des baïonnettes, les représentans du lieu de leurs séances; c'est en les mettant et en se plaçant lui-même hors de la constitution, que l'empereur eût fait rentrer tout le monde dans le cercle constitutionnel ?... Monsieur le Général, il fut un temps où un *sénatus-consulte* eût consacré, si le maître l'eût dit, un principe aussi éminemment impérial ; mais aujourd'hui chacun trouvera que la hache du licteur est un moyen de rentrer dans la constitution qui ne serait pas du tout constitutionnel.

Après avoir éclairci quelques-uns des points sur lesquels vous avez été mal informé ; après avoir établi qu'à son retour de l'armée, l'intention de Napoléon était de se faire dictateur, et que son abdication lui a été demandée, si ce n'est ordonnée, il me reste à parcourir le dernier chapitre de votre estimable écrit, et à combattre, ainsi que je l'ai annoncé, les reproches que vous adressez aux représentans de la nation.

Mais avant tout, j'éprouve le besoin de justifier l'armée de la disposition dans laquelle

vous assurez qu'elle était après l'abdication
de l'empereur. Les sentiments de nos braves
étaient plus honorables, permettez - moi de
vous le dire, que vous ne le feriez supposer.
Je sais, monsieur le Général, qu'il n'est pas permis de douter de votre estime pour vos frères
d'armes ; personne ne croira que vous ayez
été dirigé à leur égard par un autre désir que
celui de dire la vérité. Mais votre éloignement
vous a mis dans le cas d'être mal informé, et
tout Français est intéressé à la faire connaître,
cette vérité, lorsqu'il s'agit de l'armée française.

Vous dites : *Aussitôt que cette nouvelle*
(la nouvelle de l'abdication) *fut répandue
dans l'armée, elle y porta la consternation
et le désespoir..... Depuis le départ de Napoléon, l'armée n'avait plus de zèle....* (1).
Je me trouve heureux de pouvoir vous assurer qu'aucune de ces assertions n'est fondée.
Loin d'être consternée, loin de n'avoir plus de
zèle, l'armée montra, sous Paris, qu'elle savait
distinguer un homme de la patrie ; elle sentit
qu'elle ne devait plus son sang qu'à la France ;
elle oublia et elle dut oublier son ancien géné-

---

(1) Pages 149, 153.

ral pour ne plus penser qu'au salut commun. Certes, ce patriotisme honore bien plus nos soldats que ne l'eût fait alors un attachement mal entendu pour un chef qui ne pouvait plus conserver le commandement sans compromettre les intérêts de la nation (1). Loin d'être consternée, loin de n'avoir plus de zèle, depuis le départ de Napoléon, l'armée brûla de combattre, et ce n'est pas sa faute si elle a quitté les murs de Paris sans se mesurer avec l'ennemi. Les soldats de la garde, ceux-là qui meurent et ne se rendent pas, disaient comme tous nos braves : *Ce n'est plus* POUR LUI *que nous*

---

(1) Il est des lecteurs pour qui les commentaires sont un besoin, et qui pourraient peut-être insinuer obligeamment que j'ai voulu faire allusion aux personnes qui ont suivi Napoléon dans sa captivité. Il suffirait de répondre qu'il s'agit ici d'une armée et non de quatre ou cinq individus; que le sort de la France pouvait dépendre de l'une, quand l'absence des autres n'avait aucune influence. Mais j'ajoute qu'à leur place j'aurais tenu à honneur d'accompagner, comme ils l'ont fait, un homme qui pour eux n'était plus l'empereur, mais un ami malheureux. Ce dévouement est trop louable pour qu'on puisse le déprécier, et il n'exclut point les sentimens les plus patriotiques.

nous battons, c'est pour la patrie....(1). L'armée répondit avec enthousiasme à l'appel des représentans qui lui avaient envoyé des commissaires.

Pourquoi faut-il que dans un livre, écrit à Sainte-Hélène, on ne rende pas justice à l'armée française ? pourquoi, si *l'empereur a daigné vous faire connaître son opinion*, ne l'a-t-il pas fait d'une manière honorable pour ceux qu'il commanda, et conforme à la vérité ? Quoi ! Napoléon assure qu'il se sacrifia pour la patrie, et il pense que l'armée aurait sacrifié la patrie pour un seul homme! Que diraient donc ceux de nós soldats dont le patriotisme date de plus loin que le régime impérial, si une telle calomnie arrivait jusque dans leurs retraites? Ah! sans doute il oublie que, pour que ces braves lui aient prodigué leur sang, il a suffi qu'il les fît marcher sous l'étendard national.

On pourrait demander encore par quelle fa-

____

(1) Ce n'est point là une phrase faite à plaisir : elle a été entendue, lors des premiers coups de canon, devant le village des Vertus, par des personnes que je pourrais nommer.

talité Napoléon cherche à mettre sa responsabilité à couvert, en attribuant toutes les
fautes d'une campagne à ses généraux. Il a
pu en être commis des fautes : le maréchal
Ney a pu pécher par trop d'ardeur; son bouil-
lant courage a pu influer sur le sort de la journée du 18 juin, ainsi que le pense Napoléon.
Mais lorsque ceux qui ont le plus blâmé et
la faiblesse du maréchal avant le 20 mars, et
sa motion à la chambre des pairs, où il jeta
l'alarme après Waterloo; lorsque ceux-là,
dis-je, ont été les premiers à se taire devant
la fin malheureuse de cet illustre brave; lorsque le jugement qui l'a frappé leur impose un
religieux silence, Napoléon devait-il oublier
le respect que l'on doit à sa tombe? Peut-on
croire à tant d'acharnement contre la mé-
moire d'un de ses anciens compagnons d'armes ? *Pour qui* le maréchal est-il mort ?... (1).

---

(1) On vient de publier une brochure dans laquelle
on réfute l'ouvrage de M. le général Gourgaud, seulement en ce qui concerne le maréchal Ney. L'auteur,
M. Gamot, dit, page 52 : « Ces attaques réitérées faites
» contre la tombe d'un vieux général, dont la gloire ne
» peut recevoir d'atteinte, me portent à croire que cet
» écrit n'est pas fait par un jeune militaire français...»

Telle est la reconnaissance de Napoléon pour ceux qui l'on servi, qu'il les abandonne sans pitié, dès qu'il croit ce sacrifice utile à sa justification. On en trouve une nouvelle preuve dans le *Manuscrit de Sainte-Hélène*. Puisque d'après la déclaration de M. de Las-Cases, on peut, jusqu'à un certain point, regarder cet écrit comme étant de Bonaparte, je le citerai avec confiance (1).

Voici donc ce qu'on lit dans le manuscrit de Sainte-Hélène sur les moyens qu'il prît ou qu'il aurait dû prendre à son retour de l'île d'Elbe : » Il fallait recommencer une révolu- » tion pour me donner toutes les ressources » qu'elles créent. *Il fallait remuer toutes les* » *passions pour profiter de leur aveuglement ;* » sans cela je ne pouvais pas sauver la France. » J'en aurais été quitte pour régulariser cette » seconde révolution , comme je l'avais fait de » la première ; mais je n'ai jamais aimé les ora- » ges populaires, parce qu'il n'y a point de » *bride* pour les mener, et je me suis trompé » en croyant qu'on pouvait défendre les Ther- » mopyles en chargeant ses armes en douze

---

(1) Voir la *Bibliothèque historique*, 4ᵉ vol. 6ᵉ cahier.

» temps. J'ai voulu faire cependant une partie
» de cette révolution, comme si je n'avais
» pas su que les demi-partis ne valent rien.
» J'offris à la nation de la liberté, parce qu'elle
» s'était plainte d'en avoir manqué sous mon
» premier règne. Cette liberté produisit *son*
» *effet ordinaire :* elle mit les paroles à la
» place des actions. LA CASTE IMPÉRIALE SE
» DÉGOUTA PARCE QUE J'ÉBRANLAIS LE SYSTÈME
» AUQUEL ELLE AVAIT ATTACHÉ SES INTÉRETS.. »

Voilà le langage de Napoléon. Eh bien, nous savons tous que les hommes qui ont été le plus entachés *d'impérialisme* ; qui, par leurs places ont été à cette époque les plus fermes appuis du despotisme, que les hommes de la *caste impériale*, enfin, sont venus se ranger franchement sous la bannière constitutionnelle. Telle est du moins la justice que l'on doit rendre au plus grand nombre.

Une réflexion bien simple s'offre à la pensée après ce qu'on vient de lire, c'est qu'il est dans l'intérêt de tout individu, de celui-là même qui aurait été le mieux traité sous le gouvernement impérial, d'oublier Napoléon ; c'est que, pour tous, il n'est de véritable ancre de salut que dans cette sage liberté contre laquelle s'unissent encore ceux dont elle doit un jour mesurer le pouvoir. Liberté ! c'est en vain que l'on te calomnie; la cause de l'humanité triomphera. Le temps n'est pas loin, peut-être, où les peuples reconnaîtront que tes principes ne sont point pernicieux, et que la tyrannie seule a fait couler du sang et des larmes. (1)

Revenons, Monsieur le général, et disons que quant à la conduite de l'armée sous Paris, vous expliquez vous-même comment elle n'a pu faire plus qu'elle n'a fait. « Le maréchal » Davoust se mit à sa tête; mais il ne prit » aucune résolution (page 151) »; et peut-être expliquez-vous encore pourquoi le maréchal est resté dans l'inaction en disant que « le gou- » vernement provisoire ne déploya ni talent » ni patriotisme, ni caractère (page 152) ». Il est possible que ce gouvernement se soit opposé à une affaire décisive dont les chances étaient évidemment pour nous : on est même

---

(1) Ce serait fort mal conclure assurément que de dire : On s'est battu pour la liberté, donc la liberté a coûté du sang et des larmes; ce serait prendre l'effet pour la cause. Il est trop évident que si la tyrannie n'eût point résisté, on n'eût point combattu.

disposé à n'en plus douter lorsqu'on voit Fouché le présider ; Fouché , pour qui l'on recula les bornes du mépris ; Fouché, repoussé à la fois et par sa patrie qu'il trahit , et par les cabinets qu'il déshonora ! Les autres membres de la commission du gouvernement offraient sans doute des garanties ; mais ils se laissèrent facilement tromper, et lorsqu'on croyait Fouché occupé des moyens de sauver l'état, il était en conférences à Saint-Denis ou à Saint-Cloud (1). C'est sous l'influence de cet habile traître qu'avait été conclue la convention du 3 juillet, de laquelle vous avez dit, page 152, « que ce fut une des plus honteuses transactions dont l'histoire fasse mention ». Il avait eu soin d'éloigner les personnes dont il craignait le patriotisme et les lumières ; et le choix des plénipotentiaires envoyés à Haguenau avait été fait en conséquence (2).

Mais si je déplore comme vous, monsieur le général, la funeste inertie du gouvernement

---

(1) Notamment dans la nuit du 6 au 7 juillet.

(2) MM. Lafayette, d'Argenson, Sébastiani, Pontécoulant, Benjamin-Constant et Laforêt.

provisoire ; si je partage votre indignation sur
la trahison de Fouché, il n'en est pas de même
de votre opinion sur les derniers travaux de la
chambre des représentans.

Je cite à regret, je l'avoue, le passage
suivant de votre écrit : « *Les vertiges* des
» chambres étaient tels que, dans ces mo-
» mens importans, elles s'amusaient à de
» vaines discussions des principes de consti-
» tutions.... Les membres de la chambre des
» députés, chassés du lieu de leur assemblée,
» se réunirent chez leur président Lanjuinais,
» et tout se termina par de vaines et impuis-
» santes protestations (1). »

J'ai dit que je citais à regret cette censure
amère, et il m'en coûte en effet de la combattre aussi victorieusement que j'espère le
faire par le simple rapprochement des principaux actes de la chambre, de ceux même
que vous critiquez ; vous auriez au moins dû
les placer au nombre des pièces justificatives
imprimées à la suite de votre relation : le

----

(1) Pages 153 et 154.

lecteur eût été à même de juger. Je vais remplir cette lacune.

D'abord, une adresse au peuple français fut arrêtée dans la séance du 1er juillet; en voici quelques passages (1) :

« FRANÇAIS,

» Les puissances étrangères ont proclamé » à la face de l'Europe qu'elles ne s'étaient » armées que contre Napoléon; qu'elles vou-

---

(1) Je n'ai pas besoin de renvoyer à la note de la page 23 sur le mot tricolore. Il est inutile de dire que c'est comme historien que je rapporte ici les principaux actes de la chambre des représentans, et je proteste d'avance contre toute allusion qu'on pourrait faire en les lisant. Si, ce que je ne veux pas croire, on trouvait ces citations blâmables, je n'aurais péché que par ignorance, car je n'y attache d'autre prix que celui d'être exact en parlant d'un temps d'ailleurs assez loin de nous. Il n'est point de livre historique qui ne prête à des rapprochemens fâcheux, et aucune loi, que je sache, n'a déterminé l'*époque où commençait l'histoire*. En pareil cas, celui-là seul est coupable qui se permet une allusion.

» laient respecter notre indépendance et le
» droit qu'a toute nation de se choisir un
» gouvernement conforme à ses mœurs et à
» ses intérêts.

» Napoléon n'est plus le chef de l'état :
» lui-même a renoncé au trône ; son abdica-
» tion a été acceptée par vos représentans......
» La guerre doit donc être finie, si les pro-
» messes des rois ne sont pas vaines.

» Cependant, tandis que des plénipoten-
» tiaires ont été envoyés vers des puissances
» alliées pour traiter de la paix au nom de
» la France, les généraux de ces puissances
» se sont refusés à toute suspension d'armes ;
» leurs troupes ont précipité leur marche à
» la faveur d'un moment de trouble et d'hési-
» tation ; elles sont aux portes de la capitale,
» sans que nulle communication soit venue
» apprendre pourquoi la guerre continue.

» Bientôt nos plénipotentiaires nous diront
» s'il faut renoncer à la paix : en attendant, la
» résistance est aussi nécessaire que légitime ;
» et si l'humanité demande compte du sang
» inutilement versé, elle n'accusera point les
» braves qui ne se battent que pour repousser
» de leurs foyers le fléau de la guerre, le

» meurtre et le pillage ; pour défendre avec
» leur vie la cause de la liberté et de cette in-
» dépendance dont le droit imprescriptible
» leur a été garanti par les manifestes même
» de leurs ennemis.

» Au milieu de ces graves circonstances, vos
» représentans ne pouvaient oublier qu'ils ne
» furent point envoyés pour stipuler les inté-
» rêts d'un parti quelconque, mais ceux de la
» nation toute entière.

» Tout acte de faiblesse ne servirait, en les
» déshonorant, qu'à compromettre le repos
» de la France pendant un long avenir. Tan-
» dis que le gouvernement organise tous les
» moyens d'obtenir une solide paix, que pou-
» vait-il faire de plus utile à la nation, que de
» recueillir et de fixer les règles fondamentales
» d'un gouvernement monarchique et repré-
» sentatif destiné à garantir aux citoyens la li-
» bre jouissance des droits sacrés qu'ils ont
» achetés par tant et de si grands sacrifices, et
» de rallier pour toujours, sous les couleurs
» nationales, ce grand nombre de Français qui
» n'ont d'autre intérêt et ne forment d'autre
» vœu que de jouir d'un repos honorable et
» d'une sage indépendance.

» Maintenant la chambre croit de son de-
» voir et de sa dignité de déclarer qu'elle ne
» saurait jamais avouer pour chef légitime de
» l'état celui qui, en montant sur le trône,
» refuserait de reconnaître les droits de la
» nation, et de les consacrer par un pacte
» solennel : cette charte constitutionnelle est
» rédigée ; et si la force des armes parvenait
» à nous imposer momentanément un maître...;
» si les destinées d'une grande nation devaient
» encore être livrées au caprice et à l'arbi-
» traire d'un petit nombre de privilégiés,
» *alors, cedant à la force, la représentation*
» *nationale protestera, à la face du monde*
» *entier, des droits de la nation française op-*
» *primée.*

» ELLE EN APPELLERA A L'ÉNERGIE DE LA GÉ-
» NÉRATION ACTUELLE ET DES GÉNÉRATIONS FU-
» TURES, POUR REVENDIQUER A LA FOIS L'INDÉ-
» PENDANCE NATIONALE ET LES DROITS DE LA
» LIBERTÉ CIVILE.

» Elle en appelle, dès aujourd'hui, à la
» justice et à la raison de tous les peuples
» civilisés. »

J'ai relu cette adresse, monsieur le général, et je n'y ai point aperçu de *vertige*. C'est du moins une folie bien respectable que celle qui dicte aux représentans de la nation une protestation aussi énergique ; et tandis que le gouvernement organisait ou était censé organiser tous les moyens d'obtenir une solide paix, ce n'était point une *vaine discussion de principes* que celle à la suite de laquelle on adoptait une telle adresse au peuple. C'est un vertige bien patriotique que celui qui portait nos représentans à repousser tout acte de faiblesse, et à en appeler aux générations présente et futures de la violation de nos droits.

Mais cette protestation ne fut point le seul acte de courage émané de la chambre des représentans. Le 5 juillet, prévoyant que les puissances coalisées pourraient la dissoudre par la force, elle fit une déclaration dont voici l'article principal :

« La chambre déclare qu'un monarque ne
» peut offrir des garanties réelles, s'il ne jure
» d'observer une constitution *délibérée par*
» *la représentation nationale et acceptée par*
» *le peuple.* Ainsi, tout gouvernement qui
» n'aurait d'autres titres que des acclamations

» et les volontés d'un parti, ou qui serait
» imposé par la force, tout gouvernement qui
» n'adopterait pas les couleurs nationales, et
» ne garantirait point : la liberté des citoyens ;
» l'égalité des droits civils et politiques ; la
» liberté de la presse ; la liberté des cultes ;
» le système représentatif ; le libre consen-
» tement des levées d'hommes et d'impôts ;
» l'irrévocabilité des ventes de biens natio-
» naux de toute origine ; l'inviolabilité des
» propriétés ; l'abolition de la dîme, de la
» noblesse ancienne et nouvelle héréditaire,
» de la féodalité ; l'abolition de toute confis-
» cation des biens ; l'entier oubli des opinions
» et des votes politiques émis jusqu'à ce jour ;
» l'institution de la Légion-d'Honneur ; les
» récompenses aux officiers et aux soldats ;
» les secours dûs à leurs veuves ; l'institu-
» tion du jury ; l'inamovibilité des juges ; le
» paiement de la dette publique, N'AURAIT
» QU'UNE EXISTENCE ÉPHÉMÈRE ET N'ASSURERAIT
» POINT LA TRANQUILLITÉ DE LA FRANCE ET DE
» L'EUROPE. »

J'espère, monsieur le général, que vous
ne trouverez pas plus de *vertige* dans cette
déclaration, que dans la protestation qui la

précède. Que pouvait faire la chambre des représentans, lorsqu'à la suite de la convention du 5 juillet notre brave armée se retirait derrière la Loire, lorsque la trahison de Fouché nous livrait pieds et poings liés ?..... Peut-être la chambre eût-elle pu suivre l'armée et porter le siége du gouvernement à Tours ; quelques membres dévoués et courageux avaient mis cette idée en avant. Mais, eût-elle été goûtée par le plus grand nombre, beaucoup de difficultés se seraient présentées. La commission du gouvernement venait déjà de se dissoudre. Cependant la chose n'était pas impossible ; et si ce que nos représentans ont fait a été bien, on peut dire qu'à la rigueur ils auraient pu faire davantage. Mais, assurément, ils n'ont rien arrêté, rien publié dans l'intérêt de la patrie, qui ait prouvé ce vertige dont vous les taxez si gratuitement. Une chambre où se trouvaient les d'Argenson, les La Fayette, les Lanjuinais, les Flaugergues, les Liancourt, les Manuel, les Lafitte, les Bignon, les Dupont, les Bedoch, les Grenier ; une telle chambre, monsieur le général, devait donner à Napoléon une autre idée que celle de la folie, s'il voulait être d'accord avec la reconnaissance nationale, qui honore ces dignes mandataires du peuple.

Les représentans de 1815 méritent encore moins le blâme pour la *vaine et impuissante protestation* qu'ils rédigèrent, le 8 juillet, chez leur président, afin de constater la violence qui leur était faite. Chassés du lieu de leur assemblée par les baïonnettes étrangères, il n'y avait rien de vain et d'impuissant à le consigner dans ce dernier procès-verbal : 1° parce qu'il est utile de savoir qu'ils n'ont cédé qu'à la force ; 2° parce qu'une protestation n'a d'autre puissance que celle de transmettre cette connaissance à ceux qui y sont intéressés. Celle des représentans, lorsque leur salle est cernée par l'ennemi, n'est pas plus vaine et pas plus impuissante que la protestation de Napoléon, *à bord du Bellérophon ;* protestation que vous avez cependant eu soin d'imprimer.

Je terminerai cette réfutation des reproches que vous adressez aux représentans de la nation française, par le parallèle proposé entre cette chambre et l'ancien sénat, dans un ouvrage assez connu (1).

----

(1) *Le Censeur,* tome 7.

« D'une part, on verrait, dit l'auteur de cet
» article, une assemblée (le conseil des an-
» ciens) d'accord avec un chef d'armée, ex-
» pulser par la violence une assemblée dont
» les droits étaient au moins aussi sacrés que
» les siens ; s'emparer du pouvoir constituant
» pour se partager l'autorité avec le chef du
» complot ; recommencer sa carrière poli-
» tique, sous le nom de *sénat conservateur*,
» par la proscription arbitraire de cent trente
» de leurs concitoyens ; devenir les instrumens
» passifs de son chef, après l'avoir élevé à la
» puissance suprême ; livrer à sa dévorante
» ambition trois ou quatre cent mille hommes
» toutes les années, et lui fournir ainsi les
» moyens nécessaires pour ravager le monde ;
» présenter aux yeux de l'Europe les attentats
» les plus inouïs, comme des actes de justice ;
» sanctionner par sa lâcheté les actes du plus
» impudent despotisme ; prodiguer les éloges à
» l'homme qu'elle a élevé, toutes les fois qu'il
» fait peser sur son pays quelque grande cala-
» mité ; le déposer lorsqu'elle ne peut plus le
» soutenir, et que la capitale est envahie par
» les puissances coalisées ; on verrait, dis-je,
» cette assemblée traitée avec égard, même
» avec considération ; conserver ses honneurs,

» ses traitemens, et même ses fonctions, qui
» deviennent héréditaires (1).

» On verrait, d'un autre côté, les membres
» d'une assemblée, élus directement par leurs
» concitoyens, se réunir dans un moment où
» toutes les passions sont agitées, et où la guerre
» civile a éclaté, délibérer avec calme et sé-
» curité sur les intérêts de la patrie ; nommer
» pour leur président et leurs vices-présidens
» les hommes qui se sont montrés les plus op-
» posés au gouvernement impérial, et que l'es-
» time publique a désignés d'avance ; manifes-
» ter, dès leurs premiers pas, l'intention de
» fonder la liberté publique sur ses véritables
» bases, et de renverser ce monument honteux
» élevé par la bassesse sénatoriale en faveur du
» despotisme ; refuser de prendre aucune me-
» sure oppressive contre les hommes d'un parti
» qui vient d'être renversé ; prendre une atti-
», tude imposante au moment où un chef, qu'ils

---

(1) « Je n'ai pas besoin de faire observer que ceci est
» étranger au très-petit nombre de sénateurs qui se sont
» opposés au projet de Bonaparte ; leurs noms sont assez
» connus. »

» n'ont pas nommé, vient annoncer qu'il a
» perdu son armée et en demander une nou-
» velle ; lui ordonner en quelque sorte d'abdi-
» quer un pouvoir qu'il ne peut pas garder
» sans compromettre le salut de l'état, et lui
» déclarer que s'il n'a pas pris sa résolution
» *dans une heure*, on prononcera sur les me-
» sures qu'il convient de prendre; se faire en-
» suite rendre compte de l'état de l'armée ;
» chercher à rappeler son courage, et à substi-
» tuer l'esprit patriotique aux sentimens qu'on
» lui avait inspirés sous le gouvernement im-
» périal ; témoigner la plus vive sollicitude
» pour les blessés, et partager avec eux la mo-
» dique indemnité qui leur était accordée ; ré-
» sister avec courage aux insinuations et aux
» intrigues dont ils étaient environnés ; établir
» la constitution la plus sage que nous ayons
» jamais eue ; éviter de se servir du mot *d'em-*
» *pereur* ou de *roi*, afin de n'alarmer aucun
» parti, et de laisser à la force des événemens
» le choix du prince qui devait gouverner la
» France ; enfin terminer leur carrière sans
» avoir à se reprocher aucun acte inique ou
» nuisible à l'état ; on verrait, dis-je, ces
» hommes chassés violemment du lieu de leurs
» séances, insultés ensuite dans tous les jour-

» naux , et traités comme des conspirateurs ou
» comme des factieux.

» Après avoir ainsi comparé la conduite et le
» sort des anciens sénateurs et des derniers re-
» présentans, on se demanderait quels sont les
» auteurs de traitemens si différens , et l'on
» ne pourrait donner une réponse sans verser
» des larmes sur le sort de la patrie ».. . . .

. . . .

. . . .

. . . .

Ici finit , monsieur le général, la tâche que je
m'étais imposée en réfutant quelques passages
de votre écrit sur la campagne de 1815. Je regrette d'autant plus de n'avoir pu vous suivre
dans les détails stratégiques qui distinguent si
éminemment cette relation , par l'exactitude
des faits , et une exposition facile à saisir pour
tout lecteur, qu'en répétant les éloges que les
hommes de guerre en ont fait , sous ce rapport, j'aurais trouvé l'heureuse occasion d'a-
doucir la sévérité de mes remarques. Quoi

qu'il en soit, j'ai dû les faire, si elles étaient utiles ; et votre franchise m'est un sûr garant que vous ne serez point blessé de la mienne.

C. MARCHAND,

Ex-Adjoint aux Commissaires des guerres.